# PRETTY CHALLENGING MATH FOR YOUR CRITICAL THINKER

## Math Activity Book

### Jupiter Kids

**JUPITER KIDS**
CHILDREN'S & KIDS FICTION

# CALCUDOKU

## INSTRUCTIONS

1. The numbers you can use are from 1 to 9.

2. In each row and in each column each number can appear only once (just like in Sudoku).

3. Each "cage" (the blocks with the thick border) shows a result and an operation (addition: +, subtraction: -, multiplication: x, or division: /). The operation applied to the numbers in the cage should produce the result shown.

4. A number may be used more than once in the same cage, but not more than once in each row or column.

### TIP:

In case of subtraction or division, arrange the numbers from the cage from largest to smallest. If the outcome = 1- and the numbers in the cage are 1, 2, 4 then you need to arrange them into 4 - 2 - 1.

X

# CALCUDOKU

21
432
34

A 8   = -1 = 6      1 - 2 = -1
      - 2 = 1

1,2
9   2,5

## ACTIVITY

| 17 + | | 15 + | 14 + | | 9 / | 16 + | 20 + |
|---|---|---|---|---|---|---|---|
| 8 | | | 5 | | 9 | 3 | 4 |
| 3 / 9 | 3 | 2 - | | 18 + 7 | 1 | 5 | 6 |
| 5 / 5 | 1 | | | 9 | 2 | 8 | 7 |
| 20 + 4 | 7 | 9 | 1 - 1 | 2 | 19 + 5 | 6 | 3 |
| 19 + 6 | | 5 - | 24 + 4 | 3 | 8 | 5 - 9 | 1 - 1 |
| 1 - 3 | | 4 - 1 | 5 | 9 | 13 + | 1 - 7 | 4 | 2 |
| 2 | 108 x | | 2 - | | | 6 | 6 - 1 | 22 + 8 |
| 8 + 1 | | 11 + | | 11 + 6 | | 9 + 4 | 7 | 5 |
| 7 | 240 x 5 | | 1 | 4 | 3 | 2 | 9 |

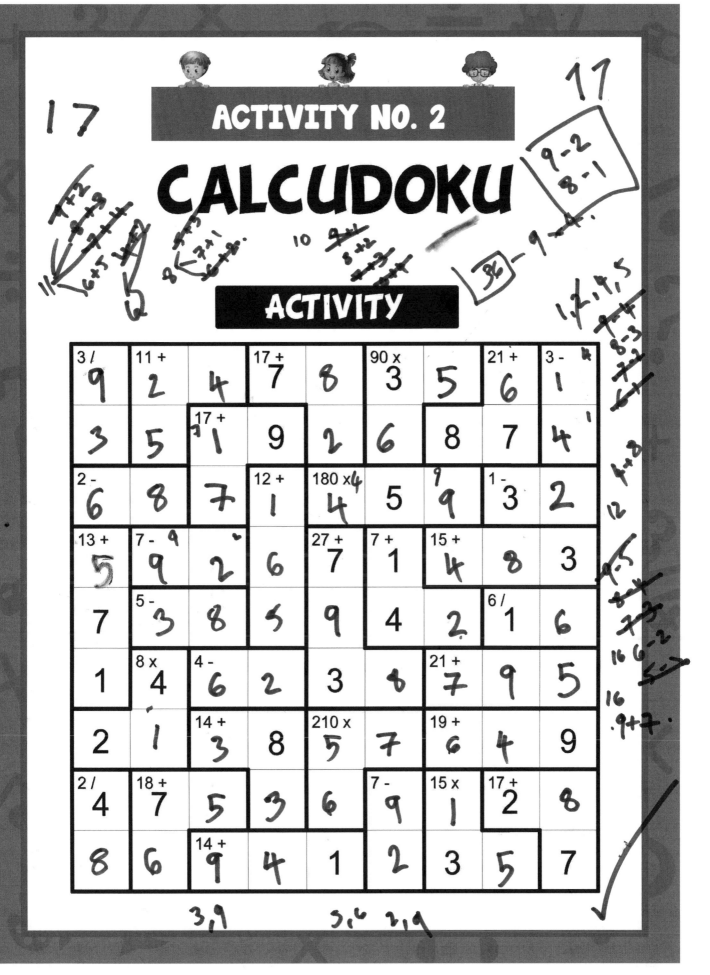

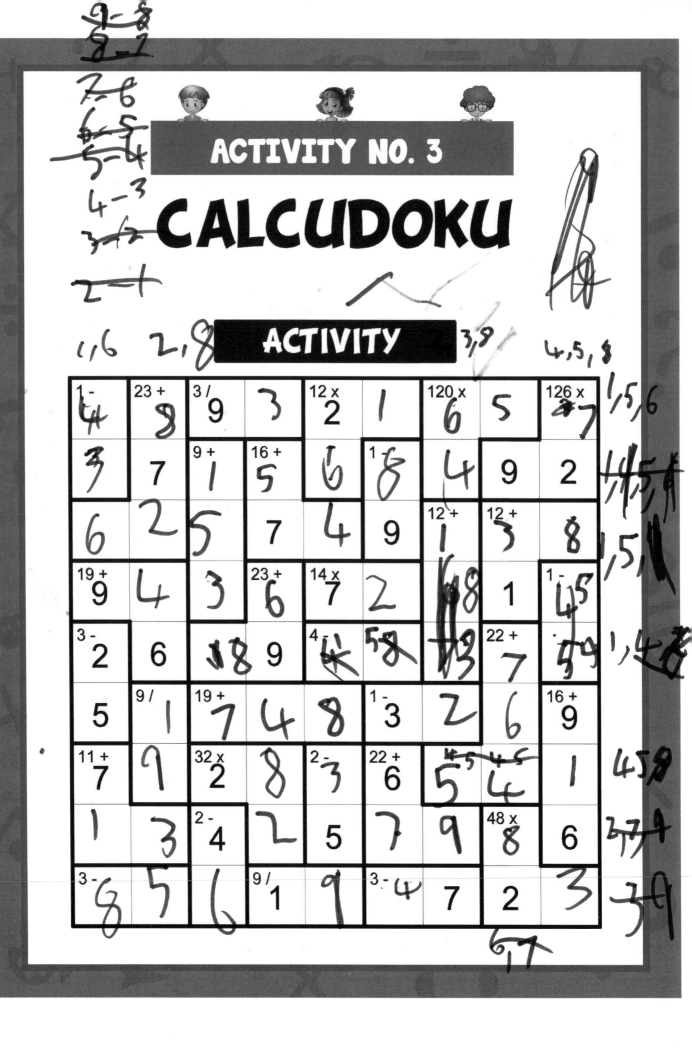

# ACTIVITY NO. 3

# CALCUDOKU

## ACTIVITY

# CALCUDOKU

## ACTIVITY

| 9 / | 14 + 5 | 15 + | | 54 x | 11 + | | 2 |
|---|---|---|---|---|---|---|---|
| | 2 | 18 + | 2 - | | 6 | 16 + | 7 |
| 90 x 3 | | 8 | | 7 - | | 15 + | 16 + |
| 6 | | 1 - | | | 4 - 7 | | 4 |
| 19 + | 21 + 4 | | 5 / | | 3 | 20 + | 16 + 2 |
| | | | 23 + 6 | | 4 | | 90 x 5 |
| | 27 + | 9 + | | 14 + | 80 x 2 | 3 | 6 |
| 5 | 9 | | 1 - 3 | | | 64 x | 63 x |
| | | 6 | 4 | | | | 8 |

# CALCUDOKU

## ACTIVITY

| 21 + | 21 + | | | 18 +<br>8 | 2 /<br>6 | 5 / | |
|---|---|---|---|---|---|---|---|
| 9 | 8 +<br> | 2 | 15 x | 4 | | 1 -<br> | |
| | | 5 -<br>6 | | 2 - | 5 - | | 1 -<br>2 |
| 20 + | | | 140 x<br>4 | 9 | 1 -<br> | 12 +<br> | 3 |
| | 2 | 15 +<br> | | 7 | 42 x<br> | | 6 |
| 16 +<br> | | 4 | 5 -<br>8 | | | 45 x<br>5 | |
| 7 -<br>1 | 8 | 14 +<br> | 1 -<br> | | 12 +<br>4 | | |
| 15 +<br>7 | | | | 17 + | 5 /<br>1 | 5 | 96 x<br> |
| | 1 -<br>3 | | 6 | | 13 +<br> | | 8 |

## ACTIVITY NO. 6

# CALCUDOKU

## ACTIVITY

| | | | | | | | | |
|---|---|---|---|---|---|---|---|---|
| 17 + | 9 / | 1 - | 22 +<br>5 | | 3 -<br>6 | | 2 / | |
| | | | | 7 | 17 +<br>3 | | 15 + | 6 |
| | 5 | 48 x | | | 14 + | 9 | 18 + | |
| 1 - | 2 - | | 20 +<br>2 | | | 4 /<br>1 | | 3 |
| | 10 + | | 7 | | | | 2 -<br>6 | 9 |
| 2 - | 3 | 19 +<br>9 | | | 3 - | 17 + | 8 | 8 + |
| 3 | 6 -<br> | 1 | 12 x | 60 x | 8 | | 23 + | |
| 216 x<br>9 | | 4 | | | 2 | | | |
| 15 + | | | 1 | 22 +<br> | 7 | | | 4 |

# CALCUDOKU

## ACTIVITY

| 17 + | 17 + | 2 | | 56 x | 4 - | | 9 + | 1 |
| | 4 | 168 x | 8 | | 54 x | 9 | | 2 - |
| 22 + | 14 + 1 | | 5 / | | | 2 - 2 | | |
| | | | | 2 - | 7 | 17 + 8 | 54 x 2 | |
| 7 | 5 / 5 | | 2 / | 5 - | | | 14 + 6 | |
| 1 - 3 | | 23 + | 4 | 48 x | 16 + | | 1 | |
| 7 + 2 | 18 + | | | | | 27 x | 3 - 7 | 4 |
| | | 1 - | | 8 | | 1 | | 3 - 5 |
| | | 17 + | 3 | | 18 + 4 | | | 2 |

# ACTIVITY NO. 8

# CALCUDOKU

## ACTIVITY

| 1 - | 12 +<br>5 | | 20 +<br>3 | | | 168 x | |
| | 20 +<br>7 | 12 + | | | 54 x<br>9 | | 15 x<br>5 |
| 17 + | | 20 + | 8 | | | 1 | |
| 2 -<br>7 | 2 | | 2 -<br> | 4 | | 19 + | |
| | 19 +<br>5 | | 6 -<br>7 | 1 | 15 + | 1 - | |
| 2 /<br>4 | | 108 x<br>2 | 20 + | | | 5 | 7 / |
| | 17 + | 14 +<br>9 | 5 | 6 | 84 x | | |
| 5 / | | 4 - | 2 -<br>1 | 3 | | 16 +<br>2 | |
| | | 3 | 23 +<br>7 | | | | 8 |

# ACTIVITY NO. 9

# CALCUDOKU

## ACTIVITY

| 5 - | 13 + | 4 | 7 - | | 18 + | | 1 - | 7 |
| --- | --- | --- | --- | --- | --- | --- | --- | --- |
| | 21 + 9 | | 72 x 3 | | | 2 - | 4 | 15 + |
| | 5 | | | 240 x 8 | 16 + | | | |
| 4 / | 23 + | 4 - | | 216 x | | 6 | 2 | 4 |
| 4 | | 3 - | | | 6 | 12 + 8 | | 16 + |
| | 2 | 1 - | 4 / | 8 | 14 + | 7 | | |
| 5 / | | 8 | | 14 + | | 3 - 9 | 6 | |
| 15 + | | 20 + 7 | 8 | | 14 + | 3 | 40 x | |
| | 3 - | | | 1 | 9 | 3 - 4 | | |

# ACTIVITY NO. 10

# CALCUDOKU

## ACTIVITY

| 180 x | 14 + 7 | 4 - | 11 + | 6 - 9 | 23 + |
|---|---|---|---|---|---|
| 9 | 19 + | 13 + | | 3 | 8 |
| 6 - | | 6 | 5 / 1 | 84 x | |
| 42 x 1 | 13 + | 1 - | | 4 / 8 | 9 |
| 18 + | 8 | 1 | 26 + 7 | 13 + | 18 + |
| 3 - | 20 + 6 | 9 | | 5 | |
| 6 | 7 - 9 | | | 15 + | 3 |
| 56 x 8 | 15 + | 8 - | 5 | 6 | 2 / |
| | 5 | 16 + | 2 - 9 | | 4 |

# ACTIVITY NO. 11

# CALCUDOKU

| 4 - | | 3 - 4 | 3 - | | 4 / | | 11 + 7 | |
|---|---|---|---|---|---|---|---|---|
| 144 x | 6 | | 56 x | 15 + 5 | 1 - | | | 3 - 2 |
| 14 + | | | | 3 | 24 x | | | 5 |
| | 19 + | | 2 | | 14 + 6 | | | 54 x 1 |
| 1 | 17 + 2 | | 1 - | 14 + | | | 9 | |
| 1 - | | 27 x | 9 | 12 + 1 | | 8 + | | 21 + 8 |
| | 3 | | 16 + | | 20 + | | 2 - 8 | 9 |
| 3 - 2 | 5 | | | | 7 | 3 / | | |
| 192 x | | | 2 / 1 | | | 3 | 2 - | 7 |

# ACTIVITY NO. 12

# CALCUDOKU

## ACTIVITY

| 1 - | 13 + | | 4 - | | 15 +<br>2 | 19 + | | 2 /<br>4 |
|---|---|---|---|---|---|---|---|---|
| 7 | 5 - | | 4 -<br> | | 4 | | | 8 |
| 1 -<br>3 | | 8 / | | 1 - | | 21 +<br>7 | 9 + | |
| | 4 - | | 6 - | | 6 | 8 | 21 +<br>9 | |
| 11 +<br>6 | | 3 | | 2 /<br>4 | 40 x | | | |
| 45 x | 56 x<br>8 | | | 2 | 5 | 1 - | | 18 + |
| | 19 + | | | 22 +<br>5 | 15 +<br>7 | 2 | 20 + | |
| | 18 +<br>7 | | | | 9 + | 6 | 4 | |
| 14 +<br>8 | | 6 | | | | | | 1 |

# CALCUDOKU

## ACTIVITY

| | | | | | | | |
|---|---|---|---|---|---|---|---|
| 7 - | | 120 x 6 | 5 | 1 - | | 21 + | |
| 24 + 7 | | 22 + 6 | 7 + | 2 | | 5 - | |
| | 11 + | | 1 - 8 | | 192 x 6 | | 6 x |
| 2 - 2 | | 56 x | 15 + | | 4 | | 6 |
| | | 8 | 13 + | | 6 / 6 | 15 + | 2 - 7 |
| 21 + | | | | 7 | | 5 | 2 / 4 |
| 6 | 15 + | 5 | | 4 / | | | 1 - 4 |
| 5 - | 10 + | 11 + 4 | 3 | 20 + | | 17 + | 6 |
| 3 | | | 4 | | 21 + 7 | | |

# ACTIVITY NO. 14

# CALCUDOKU

## ACTIVITY

| 48 x | 16 + | 3 - | 24 + | 5 / | 21 x | 1 -  4 | 3 | 20 + |
|---|---|---|---|---|---|---|---|---|
|  | 7 |  | 4 |  | 3 |  | 4 / |  |
| 3 |  | 13 + |  | 84 x  2 |  |  |  |  |
| 8 x |  | 5 | 3 | 7 - |  | 19 + | 3 - | 10 +  7 |
| 18 +  2 | 7 | 1 - | 14 +  8 |  |  |  |  |  |
|  | 13 +  8 |  |  | 45 x  1 | 5 | 17 + |  |  |
| 19 +  6 |  | 5 - |  | 120 x |  |  | 5 | 8 |
|  | 1 - | 3 | 2 | 23 + | 5 |  | 8 + |  |
|  | 4 /  1 | 9 | 6 | 5 - |  |  |  |  |

# ACTIVITY NO. 15

# CALCUDOKU

## ACTIVITY

| 12 + | 1 - | 14 x |  | 19 +<br>4 | 6 |  | 21 x |
|---|---|---|---|---|---|---|---|
| 1 |  | 15 + | 144 x<br>8 | 18 + | 4 |  |  |
| 3 | 4 |  |  | 20 + |  | 48 x |  |
| 2 -<br>9 | 10 + |  | 5 |  | 15 + |  | 3 /<br>2 |
|  | 16 + | 2 - | 14 +<br>6 | 2 | 18 +<br>4 |  |  |
|  | 2 |  | 9 |  | 4 - |  | 7 / | 4 /<br>8 |
| 3 - | 3 -<br>3 |  | 5 - | 10 +<br>1 |  |  | 2 |
|  | 24 +<br>9 | 8 |  | 1 - |  | 60 x |  | 4 |
| 3 - |  | 6 + |  | 23 + |  | 9 | 6 | 5 |

# ACTIVITY NO. 16

# CALCUDOKU

## ACTIVITY

| 2 -<br>3 | 18 + | | 1 -<br>5 | | 54 x | | 13 + |
| | 17 + | 7 | 24 +<br>1 | | | | 2 |
| 8 / | | 16 x<br>8 | | 17 + | | 16 +<br>4 | |
| 8 | 108 x | 1 | 2 - | | 70 x | 5 | 11 + |
| | 3 | | 8 | | 2 -<br>5 | | |
| 2 - | 2 -<br>5 | 2 -<br>6 | | 8 / | 12 x | 216 x | 8 |
| | 7 | 12 +<br>3 | 5 | | | 2 / | 14 + |
| 16 +<br>2 | 8 | | 14 + | 7 | | 17 + | |
| | 8 + | | 2 | | 1 -<br>8 | | 3 |

# MAGIC SQUARES

1.  Fill in the numbers from 1 - 9 in the puzzle.

2.  This is important: You can only use the numbers 1-9 ONCE.

3.  The sum of the numbers in the rows, columns and the diagonals MUST be the same as the numbers printed in the puzzle.

**TIP:**

Start working with low or high sums.
Example: The sum of 7 can only be created by using 4, 2 and 1 OR the sum of 24 is created by using the numbers 9, 8 and 7.

1 - 16

# MAGIC SQUARES

**ACTIVITY**

|  |  |  |  | 43 |
|---|---|---|---|---|
|  |  |  |  | 22 |
|  |  |  |  | 22 |
|  |  |  |  | 49 |
| 30 | 41 | 33 | 32 | 40 |

# MAGIC SQUARES

**ACTIVITY**

|  |  |  |  | 26 |
|---|---|---|---|---|
|  |  |  |  | 43 |
|  |  |  |  | 44 |
|  |  |  |  | 23 |
| 28 | 26 | 32 | 50 | 29 |

# MAGIC SQUARES

## ACTIVITY

| | | | | 43 |
|---|---|---|---|---|
| | | | | 32 |
| | | | | 39 |
| | | | | 22 |
| 33 | 38 | 41 | 24 | 25 |

# MAGIC SQUARES

**ACTIVITY**

|    |    |    |    |    |
|----|----|----|----|----|
|    |    |    |    | 25 |
|    |    |    |    | 39 |
|    |    |    |    | 39 |
|    |    |    |    | 33 |
| 38 | 32 | 30 | 36 | 25 |

# MAGIC SQUARES

## ACTIVITY

| | | | | 42 |
|---|---|---|---|---|
| | | | | 30 |
| | | | | 35 |
| | | | | 29 |
| 49 | 19 | 38 | 30 | 33 |

# MAGIC SQUARES

## ACTIVITY

| | | | | |
|---|---|---|---|---|
| | | | | 38 |
| | | | | 27 |
| | | | | 36 |
| | | | | 35 |
| 27 | 33 | 52 | 24 | 27 |

# MAGIC SQUARES

## ACTIVITY

| | | | | 35 |
|---|---|---|---|---|
| | | | | 50 |
| | | | | 15 |
| | | | | 36 |
| 36 | 38 | 24 | 38 | 37 |

# ACTIVITY NO. 24

# MAGIC SQUARES

## ACTIVITY

| | | | | 32 |
|---|---|---|---|---|
| | | | | 32 |
| | | | | 35 |
| | | | | 37 |
| 27 | 31 | 33 | 45 | 28 |

# MAGIC SQUARES

## ACTIVITY

|  |  |  |  | 30 |
|---|---|---|---|---|
|  |  |  |  | 46 |
|  |  |  |  | 34 |
|  |  |  |  | 26 |
| 38 | 30 | 37 | 31 | 47 |

# MAGIC SQUARES

**ACTIVITY**

| | | | | |
|---|---|---|---|---|
| | | | | 36 |
| | | | | 33 |
| | | | | 40 |
| | | | | 27 |
| 44 | 26 | 36 | 30 | 22 |

# MAGIC SQUARES

## ACTIVITY

|  |  |  |  | 40 |
|---|---|---|---|---|
|  |  |  |  | 39 |
|  |  |  |  | 29 |
|  |  |  |  | 28 |
| 48 | 35 | 31 | 22 | 26 |

# MAGIC SQUARES

## ACTIVITY

|    |    |    |    |    |
|----|----|----|----|----|
|    |    |    |    | 35 |
|    |    |    |    | 38 |
|    |    |    |    | 31 |
|    |    |    |    | 32 |
| 45 | 35 | 32 | 24 | 40 |

# MAGIC SQUARES

## ACTIVITY

|    |    |    |    |    |
|----|----|----|----|----|
|    |    |    |    | 45 |
|    |    |    |    | 45 |
|    |    |    |    | 31 |
|    |    |    |    | 15 |
| 28 | 36 | 30 | 42 | 28 |

# MAGIC SQUARES

## ACTIVITY

|    |    |    |    |    |
|----|----|----|----|----|
|    |    |    |    | 33 |
|    |    |    |    | 24 |
|    |    |    |    | 33 |
|    |    |    |    | 46 |
| 28 | 35 | 28 | 45 | 34 |

# MAGIC SQUARES

## ACTIVITY

|    |    |    |    | 32 |
|----|----|----|----|----|
|    |    |    |    | 29 |
|    |    |    |    | 34 |
|    |    |    |    | 41 |
| 25 | 46 | 36 | 29 | 23 |

# MAGIC SQUARES

## ACTIVITY

| | | | | 26 |
|---|---|---|---|---|
| | | | | 24 |
| | | | | 53 |
| | | | | 33 |
| 22 | 34 | 49 | 31 | 25 |

# MAGIC SQUARES

## ACTIVITY

| | | | | 47 |
|---|---|---|---|---|
| | | | | 19 |
| | | | | 44 |
| | | | | 26 |
| 43 | 32 | 32 | 29 | 19 |

# MAGIC SQUARES

## ACTIVITY

| | | | | 33 |
|---|---|---|---|---|
| | | | | 17 |
| | | | | 47 |
| | | | | 39 |
| 27 | 40 | 27 | 42 | 30 |

# MAGIC SQUARES

**ACTIVITY**

|    |    |    |    | 36 |
|----|----|----|----|----|
|    |    |    |    | 21 |
|    |    |    |    | 39 |
|    |    |    |    | 40 |
| 31 | 28 | 53 | 24 | 47 |

# MAGIC SQUARES

## ACTIVITY

|  |  |  |  | 30 |
|--|--|--|--|----|
|  |  |  |  | 32 |
|  |  |  |  | 39 |
|  |  |  |  | 35 |
| 30 | 36 | 28 | 42 | 42 |

# FIND THE TENS

## INSTRUCTIONS

Encourage your child to learn while having fun! This book of math activities will help him/her master addition in a jiffy. How does it work?

On every page your child will see a grid of numbers from 1 to 9. All he/she needs to do is to connect the numbers until they add up to 10. Connections can be made horizontally, vertically and diagonally.

### SOUNDS EASY?
### GIVE IT A GO NOW!

# ACTIVITY NO. 37

# FIND THE TENS

## ACTIVITY

| 2 | 6 | 2 | 7 | 2 | 7 | 9 | 8 |
|---|---|---|---|---|---|---|---|
| 5 | 6 | 8 | 7 | 7 | 1 | 3 | 4 |
| 7 | 7 | 1 | 6 | 9 | 5 | 4 | 2 |
| 3 | 2 | 9 | 5 | 4 | 9 | 7 | 1 |
| 3 | 6 | 8 | 8 | 2 | 2 | 6 | 1 |
| 1 | 7 | 6 | 5 | 2 | 9 | 2 | 1 |
| 6 | 3 | 9 | 8 | 4 | 9 | 9 | 5 |
| 7 | 6 | 1 | 8 | 6 | 6 | 5 | 2 |

# ACTIVITY NO. 38

# FIND THE TENS

## ACTIVITY

| 7 | 2 | 6 | 9 | 6 | 4 | 8 | 1 |
|---|---|---|---|---|---|---|---|
| 3 | 8 | 6 | 7 | 3 | 1 | 5 | 6 |
| 4 | 6 | 2 | 5 | 5 | 6 | 1 | 3 |
| 9 | 6 | 7 | 2 | 7 | 6 | 8 | 2 |
| 2 | 6 | 5 | 9 | 7 | 5 | 7 | 9 |
| 9 | 7 | 5 | 8 | 7 | 4 | 9 | 7 |
| 8 | 9 | 9 | 6 | 9 | 5 | 4 | 2 |
| 7 | 4 | 5 | 4 | 1 | 3 | 4 | 3 |

# ACTIVITY NO. 39

# FIND THE TENS

## ACTIVITY

| 7 | 3 | 9 | 9 | 8 | 4 | 8 | 8 |
|---|---|---|---|---|---|---|---|
| 5 | 9 | 6 | 7 | 6 | 8 | 1 | 6 |
| 1 | 8 | 2 | 5 | 2 | 4 | 9 | 4 |
| 7 | 7 | 9 | 4 | 3 | 5 | 7 | 2 |
| 5 | 7 | 1 | 3 | 1 | 7 | 6 | 6 |
| 4 | 4 | 8 | 4 | 8 | 6 | 7 | 9 |
| 4 | 1 | 7 | 6 | 8 | 2 | 4 | 6 |
| 2 | 5 | 8 | 5 | 2 | 5 | 2 | 8 |

# ACTIVITY NO. 40

# FIND THE TENS

## ACTIVITY

| 4 | 2 | 3 | 4 | 7 | 3 | 1 | 5 |
|---|---|---|---|---|---|---|---|
| 3 | 4 | 9 | 4 | 7 | 2 | 9 | 2 |
| 3 | 9 | 7 | 5 | 8 | 9 | 8 | 6 |
| 8 | 6 | 3 | 5 | 8 | 3 | 9 | 3 |
| 4 | 1 | 8 | 5 | 3 | 9 | 8 | 3 |
| 7 | 2 | 7 | 4 | 6 | 6 | 9 | 8 |
| 4 | 8 | 9 | 9 | 7 | 6 | 3 | 7 |
| 1 | 9 | 5 | 6 | 7 | 9 | 6 | 1 |

# ACTIVITY NO. 41

# FIND THE TENS

## ACTIVITY

| 3 | 8 | 5 | 9 | 3 | 6 | 6 | 7 |
|---|---|---|---|---|---|---|---|
| 2 | 7 | 5 | 7 | 2 | 2 | 3 | 8 |
| 1 | 6 | 1 | 6 | 6 | 6 | 2 | 3 |
| 7 | 2 | 5 | 1 | 5 | 1 | 5 | 1 |
| 1 | 2 | 4 | 9 | 5 | 6 | 6 | 3 |
| 7 | 8 | 7 | 5 | 9 | 2 | 2 | 9 |
| 4 | 4 | 6 | 6 | 2 | 5 | 6 | 8 |
| 1 | 2 | 4 | 2 | 7 | 4 | 7 | 3 |

# ACTIVITY NO. 42

# FIND THE TENS

## ACTIVITY

| 2 | 9 | 7 | 8 | 3 | 7 | 2 | 5 |
|---|---|---|---|---|---|---|---|
| 7 | 1 | 4 | 4 | 4 | 5 | 4 | 5 |
| 8 | 8 | 2 | 5 | 9 | 3 | 1 | 2 |
| 1 | 3 | 4 | 5 | 4 | 5 | 7 | 9 |
| 4 | 2 | 8 | 4 | 2 | 9 | 6 | 1 |
| 9 | 4 | 5 | 3 | 8 | 2 | 5 | 7 |
| 7 | 6 | 9 | 4 | 1 | 3 | 4 | 9 |
| 3 | 6 | 7 | 1 | 5 | 5 | 6 | 6 |

# ACTIVITY NO. 43

# FIND THE TENS

## ACTIVITY

| 1 | 4 | 6 | 9 | 9 | 5 | 1 | 8 |
|---|---|---|---|---|---|---|---|
| 1 | 7 | 7 | 9 | 6 | 6 | 3 | 4 |
| 7 | 6 | 4 | 5 | 2 | 9 | 8 | 7 |
| 9 | 2 | 1 | 3 | 1 | 8 | 5 | 3 |
| 5 | 5 | 2 | 4 | 2 | 6 | 3 | 1 |
| 7 | 8 | 1 | 6 | 9 | 8 | 8 | 3 |
| 1 | 2 | 9 | 9 | 3 | 5 | 8 | 8 |
| 5 | 7 | 3 | 8 | 5 | 2 | 6 | 8 |

## ACTIVITY NO. 44

# FIND THE TENS

## ACTIVITY

| 9 | 8 | 5 | 6 | 8 | 1 | 7 | 1 |
|---|---|---|---|---|---|---|---|
| 1 | 6 | 7 | 2 | 6 | 8 | 3 | 2 |
| 5 | 3 | 4 | 9 | 2 | 2 | 9 | 4 |
| 8 | 8 | 5 | 7 | 7 | 5 | 1 | 5 |
| 5 | 6 | 2 | 9 | 9 | 7 | 2 | 3 |
| 8 | 6 | 5 | 2 | 7 | 8 | 6 | 6 |
| 9 | 6 | 9 | 6 | 1 | 5 | 5 | 3 |
| 9 | 9 | 5 | 6 | 1 | 1 | 6 | 5 |

# ACTIVITY NO. 45

# FIND THE TENS

## ACTIVITY

| 9 | 6 | 8 | 9 | 8 | 7 | 7 | 6 |
|---|---|---|---|---|---|---|---|
| 4 | 9 | 6 | 2 | 5 | 1 | 9 | 5 |
| 9 | 4 | 7 | 1 | 6 | 9 | 3 | 2 |
| 9 | 9 | 8 | 8 | 5 | 3 | 3 | 8 |
| 3 | 9 | 3 | 5 | 6 | 9 | 4 | 3 |
| 8 | 7 | 7 | 2 | 5 | 3 | 3 | 6 |
| 8 | 7 | 4 | 2 | 9 | 8 | 8 | 7 |
| 1 | 7 | 8 | 6 | 7 | 3 | 5 | 4 |

# FIND THE TENS

## ACTIVITY

| 9 | 3 | 9 | 7 | 3 | 7 | 6 | 6 |
|---|---|---|---|---|---|---|---|
| 3 | 4 | 8 | 4 | 9 | 9 | 3 | 1 |
| 2 | 4 | 1 | 1 | 4 | 6 | 4 | 4 |
| 6 | 1 | 8 | 8 | 7 | 3 | 8 | 5 |
| 2 | 1 | 7 | 6 | 6 | 6 | 5 | 7 |
| 5 | 6 | 5 | 2 | 2 | 2 | 2 | 1 |
| 6 | 8 | 5 | 5 | 4 | 9 | 4 | 6 |
| 8 | 6 | 7 | 1 | 2 | 7 | 2 | 2 |

# FIND THE TENS

## ACTIVITY

| 6 | 5 | 5 | 6 | 6 | 9 | 5 | 7 |
|---|---|---|---|---|---|---|---|
| 9 | 4 | 9 | 3 | 7 | 1 | 1 | 5 |
| 2 | 8 | 4 | 5 | 7 | 8 | 1 | 6 |
| 2 | 7 | 7 | 9 | 5 | 6 | 3 | 1 |
| 4 | 3 | 6 | 7 | 7 | 8 | 1 | 1 |
| 9 | 8 | 5 | 8 | 1 | 4 | 4 | 7 |
| 7 | 5 | 9 | 7 | 7 | 1 | 5 | 6 |
| 1 | 4 | 9 | 2 | 6 | 3 | 2 | 8 |

# ACTIVITY NO. 48

# FIND THE TENS

## ACTIVITY

| 8 | 2 | 4 | 5 | 4 | 1 | 4 | 6 |
|---|---|---|---|---|---|---|---|
| 7 | 6 | 1 | 2 | 2 | 7 | 5 | 4 |
| 4 | 6 | 6 | 1 | 1 | 7 | 4 | 8 |
| 8 | 4 | 7 | 2 | 2 | 7 | 7 | 3 |
| 8 | 5 | 7 | 2 | 6 | 2 | 3 | 8 |
| 8 | 9 | 7 | 7 | 8 | 6 | 1 | 5 |
| 9 | 7 | 1 | 4 | 3 | 3 | 3 | 8 |
| 9 | 3 | 8 | 8 | 2 | 5 | 8 | 7 |

# FIND THE TENS

## ACTIVITY

| 4 | 6 | 9 | 9 | 2 | 6 | 3 | 9 |
|---|---|---|---|---|---|---|---|
| 4 | 9 | 2 | 5 | 2 | 8 | 6 | 1 |
| 4 | 8 | 3 | 6 | 4 | 6 | 7 | 6 |
| 3 | 9 | 5 | 7 | 8 | 5 | 5 | 6 |
| 3 | 6 | 1 | 1 | 4 | 9 | 6 | 6 |
| 4 | 1 | 3 | 5 | 2 | 9 | 6 | 9 |
| 5 | 5 | 8 | 8 | 5 | 3 | 8 | 5 |
| 9 | 3 | 9 | 6 | 9 | 5 | 4 | 2 |

## ACTIVITY NO. 50

# FIND THE TENS

### ACTIVITY

| 5 | 8 | 5 | 2 | 1 | 8 | 9 | 3 |
|---|---|---|---|---|---|---|---|
| 6 | 8 | 3 | 7 | 5 | 1 | 5 | 2 |
| 5 | 3 | 4 | 1 | 1 | 2 | 4 | 4 |
| 1 | 3 | 2 | 7 | 6 | 6 | 3 | 9 |
| 9 | 7 | 8 | 6 | 5 | 5 | 6 | 4 |
| 4 | 4 | 9 | 5 | 8 | 6 | 4 | 7 |
| 4 | 1 | 2 | 9 | 8 | 5 | 1 | 5 |
| 8 | 1 | 4 | 8 | 7 | 7 | 2 | 8 |

# FIND THE TENS

## ACTIVITY

| 8 | 9 | 1 | 3 | 6 | 6 | 5 | 7 |
|---|---|---|---|---|---|---|---|
| 5 | 2 | 5 | 8 | 1 | 3 | 3 | 8 |
| 5 | 4 | 8 | 6 | 5 | 3 | 6 | 2 |
| 6 | 8 | 5 | 4 | 2 | 1 | 2 | 2 |
| 2 | 5 | 7 | 1 | 4 | 7 | 7 | 2 |
| 6 | 2 | 2 | 9 | 5 | 7 | 5 | 8 |
| 1 | 6 | 4 | 3 | 5 | 9 | 3 | 4 |
| 6 | 3 | 3 | 5 | 1 | 9 | 3 | 5 |

# FIND THE TENS

## ACTIVITY

| 4 | 4 | 9 | 9 | 2 | 9 | 3 | 6 |
|---|---|---|---|---|---|---|---|
| 3 | 7 | 6 | 2 | 3 | 4 | 5 | 9 |
| 7 | 8 | 1 | 8 | 2 | 3 | 3 | 6 |
| 8 | 3 | 5 | 3 | 6 | 8 | 1 | 7 |
| 9 | 6 | 9 | 9 | 8 | 8 | 1 | 1 |
| 6 | 8 | 6 | 6 | 8 | 8 | 2 | 4 |
| 7 | 3 | 3 | 9 | 9 | 5 | 1 | 9 |
| 4 | 3 | 4 | 9 | 5 | 8 | 8 | 2 |

# Open the safe puzzles are a great way for kids to practice addition skills.

## How does the open the safe puzzle work?

1. You have to find the combination in order to open the safe. The code of the safe is 100.
2. Every key on the keypad has a value.
3. The safe will open when you shade 3 buttons and the sum of the buttons is 100.
4. You can only shade 3 buttons.
5. The sum of the numbers on the buttons must add up to exactly 100.
6. You are not allowed to shade a button twice.

You can create an unlimited number of open the safe puzzles.

Good luck!

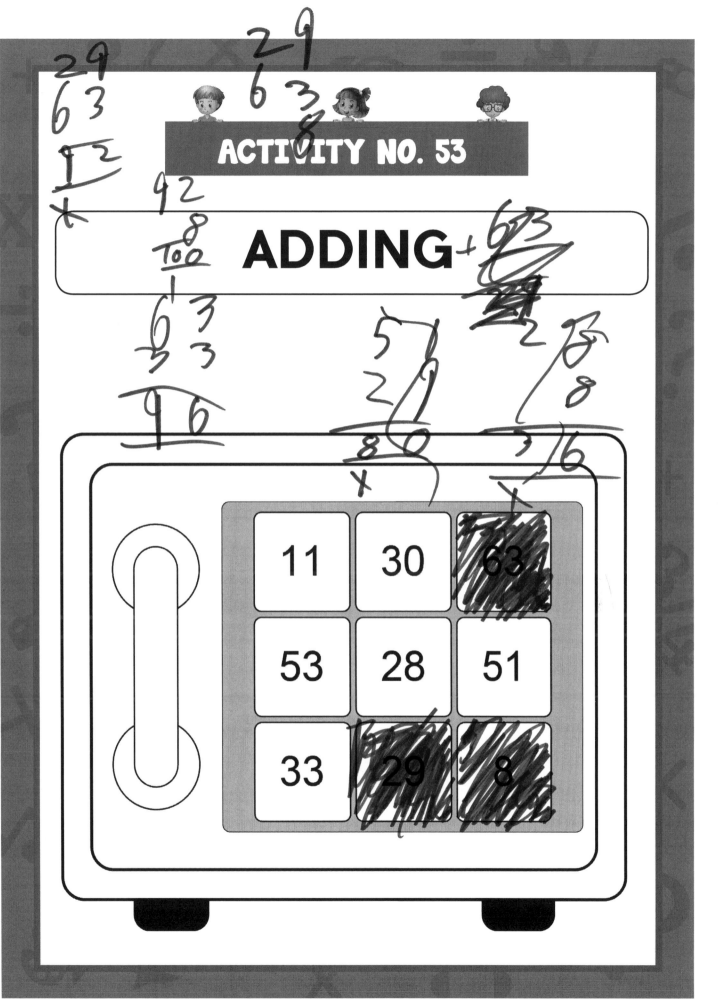

ACTIVITY NO. 53

ADDING

# ACTIVITY NO. 54

## ADDING

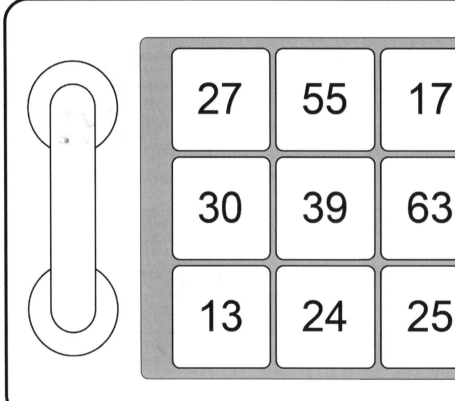

| 27 | 55 | 17 |
| 30 | 39 | 63 |
| 13 | 24 | 25 |

# ADDING

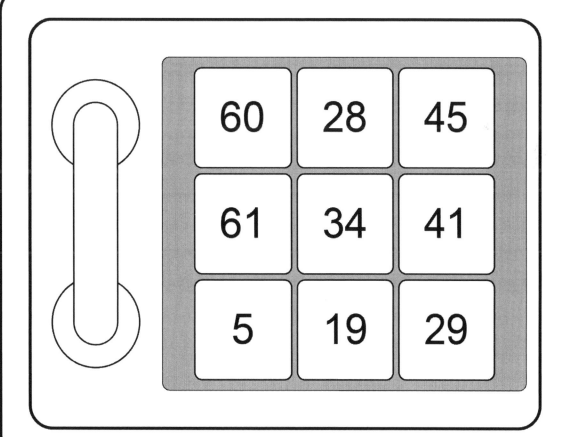

# ADDING

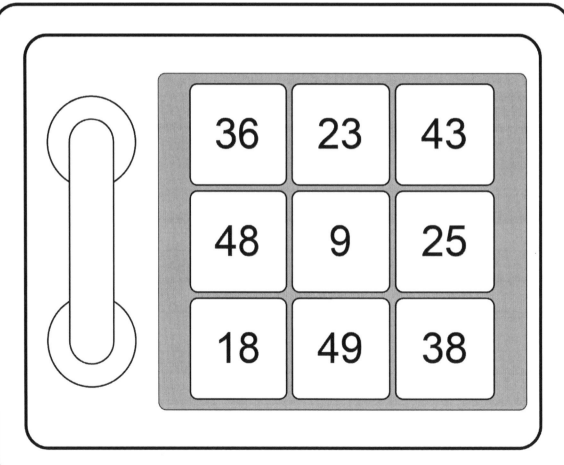

# ADDING

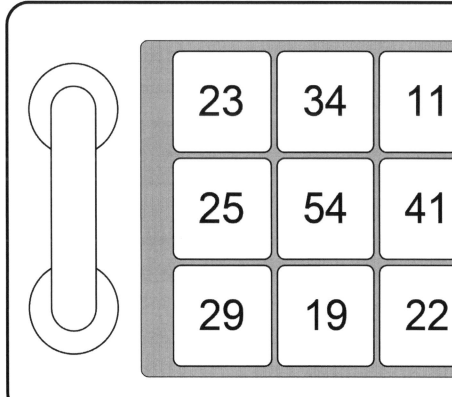

# ADDING

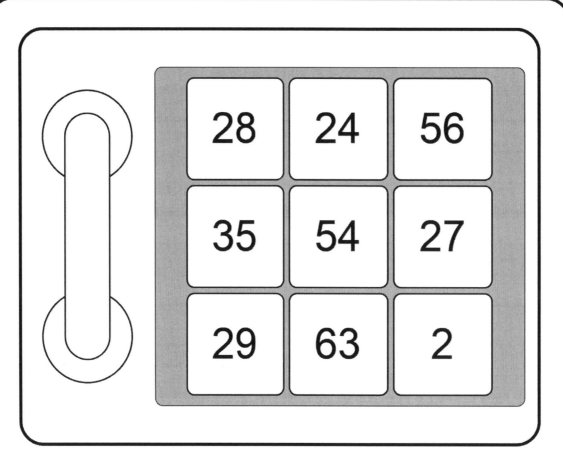

# ADDING

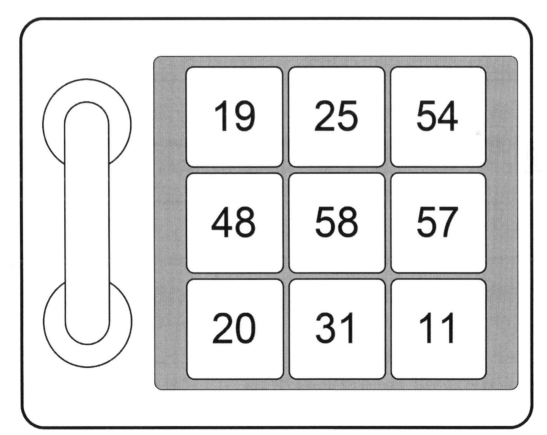

| 19 | 25 | 54 |
|----|----|----|
| 48 | 58 | 57 |
| 20 | 31 | 11 |

# ADDING

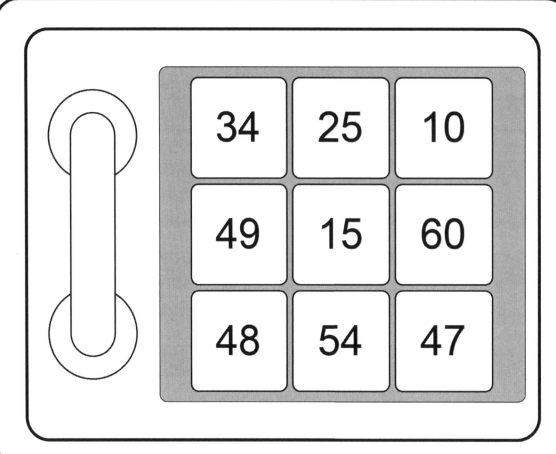

# ADDING

| | | |
|---|---|---|
| 57 | 37 | 56 |
| 28 | 38 | 48 |
| 41 | 49 | 35 |

# ACTIVITY NO. 62

## ADDING

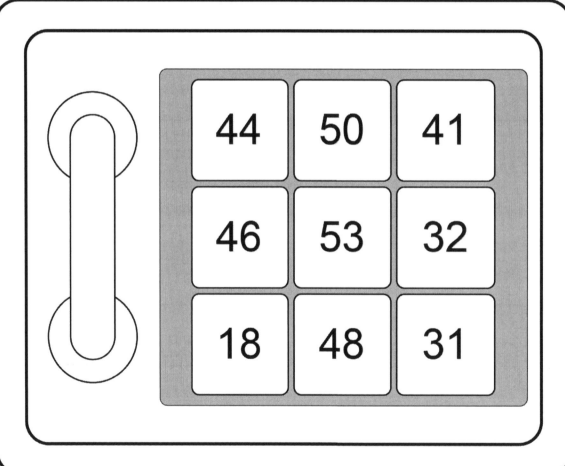

# ACTIVITY NO. 63

## ADDING

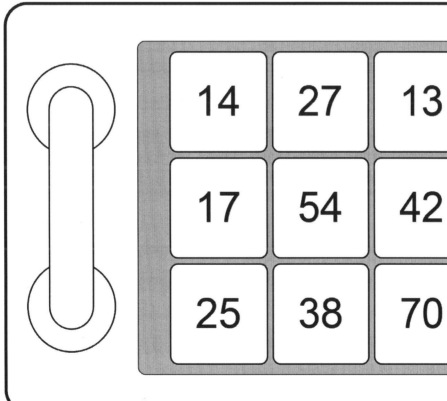

| 14 | 27 | 13 |
| 17 | 54 | 42 |
| 25 | 38 | 70 |

# ADDING

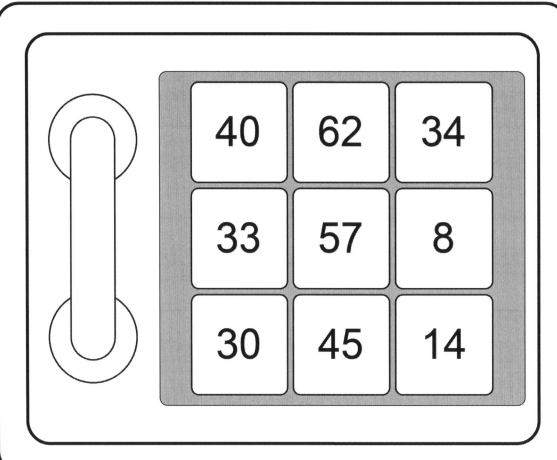

| 40 | 62 | 34 |
|----|----|----|
| 33 | 57 | 8  |
| 30 | 45 | 14 |

# ACTIVITY NO. 65

## ADDING

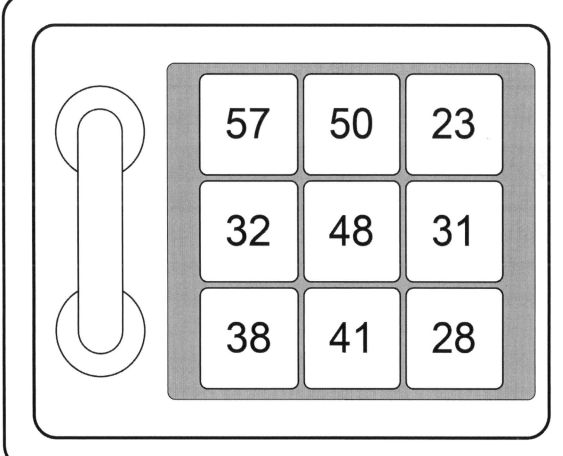

# ACTIVITY NO. 66

## ADDING

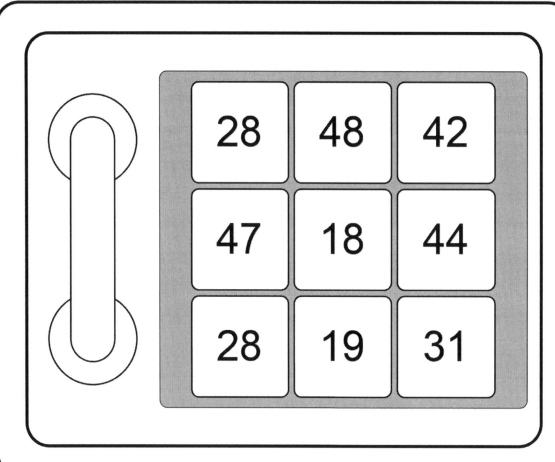

# ANSWERS!

## CALCUDOKU

### SOLUTION

| | | | | | | | | |
|---|---|---|---|---|---|---|---|---|
| 17+ 8 | 2 | 7 | 15+ 6 | 14+ 5 | 1 | 9/ 9 | 16+ 3 | 20+ 4 |
| 3/ 9 | 3 | 2- 4 | 2 | 8 | 18+ 7 | 1 | 5 | 6 |
| 5/ 5 | 1 | 6 | 4 | 3 | 9 | 2 | 8 | 7 |
| 20+ 4 | 7 | 9 | 1- 1 | 2 | 19+ 8 | 5 | 6 | 3 |
| 19+ 6 | 5 | 5- 2 | 7 | 24+ 4 | 3 | 8 | 5- 9 | 1- 1 |
| 1- 3 | 8 | 4- 1 | 5 | 9 | 13+ 6 | 1- 7 | 4 | 2 |
| 2 | 108x 4 | 3 | 2- 9 | 7 | 5 | 6 | 6- 1 | 22+ 8 |
| 8+ 1 | 9 | 11+ 8 | 3 | 11+ 6 | 2 | 9+ 4 | 7 | 5 |
| 7 | 240x 6 | 5 | 8 | 1 | 4 | 3 | 2 | 9 |

## CALCUDOKU

### SOLUTION

| | | | | | | | | |
|---|---|---|---|---|---|---|---|---|
| 3/ 9 | 11+ 2 | 4 | 17+ 7 | 8 | 90x 3 | 5 | 21+ 6 | 3- 1 |
| 3 | 5 | 17+ 1 | 9 | 2 | 6 | 8 | 7 | 4 |
| 2- 6 | 8 | 7 | 12+ 1 | 180x 4 | 5 | 9 | 1- 3 | 2 |
| 13+ 5 | 7- 9 | 2 | 6 | 27+ 7 | 7+ 1 | 15+ 4 | 8 | 3 |
| 7 | 5- 3 | 8 | 5 | 9 | 4 | 2 | 6/ 1 | 6 |
| 1 | 8x 4 | 4- 6 | 2 | 3 | 8 | 21+ 7 | 9 | 5 |
| 2 | 1 | 14+ 3 | 8 | 210x 5 | 7 | 19+ 6 | 4 | 9 |
| 2/ 4 | 18+ 7 | 5 | 3 | 6 | 7- 9 | 15x 1 | 17+ 2 | 8 |
| 8 | 6 | 14+ 9 | 4 | 1 | 2 | 3 | 5 | 7 |

# CALCUDOKU

## SOLUTION

| | | | | | | | | |
|---|---|---|---|---|---|---|---|---|
| 1-<br>4 | 23+<br>8 | 3/<br>9 | 3 | 12x<br>2 | 1 | 120x<br>6 | 5 | 126x<br>7 |
| 3 | 7 | 9+<br>1 | 16+<br>5 | 6 | 1-<br>8 | 4 | 9 | 2 |
| 6 | 2 | 5 | 7 | 4 | 9 | 12+<br>1 | 12+<br>3 | 8 |
| 19+<br>9 | 4 | 3 | 23+<br>6 | 14x<br>7 | 2 | 8 | 1 | 1-<br>5 |
| 3-<br>2 | 6 | 8 | 9 | 4-<br>1 | 5 | 3 | 22+<br>7 | 4 |
| 5 | 9/<br>1 | 19+<br>7 | 4 | 8 | 1-<br>3 | 2 | 6 | 16+<br>9 |
| 11+<br>7 | 9 | 32x<br>2 | 8 | 2-<br>3 | 22+<br>6 | 5 | 4 | 1 |
| 1 | 3 | 2-<br>4 | 2 | 5 | 7 | 9 | 48x<br>8 | 6 |
| 3-<br>8 | 5 | 6 | 9/<br>1 | 9 | 3-<br>4 | 7 | 2 | 3 |

# CALCUDOKU

## SOLUTION

| | | | | | | | | |
|---|---|---|---|---|---|---|---|---|
| 9/<br>1 | 14+<br>7 | 5 | 15+<br>8 | 4 | 54x<br>9 | 11+<br>6 | 3 | 2 |
| 9 | 2 | 18+<br>4 | 2-<br>5 | 3 | 6 | 16+<br>8 | 1 | 7 |
| 90x<br>3 | 6 | 8 | 7 | 7-<br>2 | 1 | 15+<br>5 | 9 | 16+<br>4 |
| 6 | 5 | 1-<br>3 | 2 | 9 | 4-<br>7 | 1 | 4 | 8 |
| 19+<br>8 | 21+<br>4 | 7 | 5/<br>1 | 5 | 3 | 20+<br>9 | 16+<br>2 | 6 |
| 2 | 1 | 9 | 23+<br>6 | 8 | 4 | 7 | 90x<br>5 | 3 |
| 4 | 27+<br>8 | 9+<br>1 | 9 | 14+<br>7 | 80x<br>2 | 3 | 6 | 5 |
| 5 | 9 | 2 | 1-<br>3 | 6 | 8 | 64x<br>4 | 63x<br>7 | 1 |
| 7 | 3 | 6 | 4 | 1 | 5 | 2 | 8 | 9 |

# CALCUDOKU

ACTIVITY NO. 5

## SOLUTION

| 21+ 4 | 21+ 3 | 7 | 2 | 9 | 18+ 8 | 2/ 6 | 5/ 1 | 5 |
|---|---|---|---|---|---|---|---|---|
| 9 | 8+ 1 | 2 | 15x 5 | 4 | 6 | 3 | 1- 8 | 7 |
| 8 | 5 | 5- 6 | 3 | 1 | 2- 7 | 5- 4 | 9 | 1- 2 |
| 20+ 6 | 7 | 1 | 140x 4 | 5 | 9 | 1- 8 | 12+ 2 | 3 |
| 5 | 2 | 15+ 8 | 1 | 7 | 42x 3 | 9 | 4 | 6 |
| 16+ 3 | 9 | 4 | 6 | 5- 8 | 2 | 7 | 45x 5 | 1 |
| 7- 1 | 8 | 14+ 5 | 1- 7 | 3 | 12+ 4 | 2 | 6 | 9 |
| 15+ 7 | 6 | 9 | 8 | 17+ 2 | 5/ 1 | 5 | 96x 3 | 4 |
| 2 | 1- 4 | 3 | 9 | 6 | 13+ 5 | 1 | 7 | 8 |

# CALCUDOKU

## SOLUTION

| 17+ 2 | 9/ 9 | 1- 7 | 22+ 5 | 1 | 3- 6 | 3 | 2/ 4 | 8 |
|---|---|---|---|---|---|---|---|---|
| 4 | 1 | 8 | 9 | 7 | 17+ 3 | 5 | 15+ 2 | 6 |
| 6 | 5 | 48x 3 | 8 | 2 | 14+ 4 | 9 | 18+ 1 | 7 |
| 1- 7 | 2- 4 | 6 | 20+ 2 | 8 | 9 | 4/ 1 | 5 | 3 |
| 8 | 10+ 2 | 5 | 7 | 3 | 1 | 4 | 2- 6 | 9 |
| 2- 1 | 3 | 19+ 9 | 6 | 4 | 3- 5 | 17+ 7 | 8 | 8+ 2 |
| 3 | 6- 7 | 1 | 12x 4 | 60x 6 | 8 | 2 | 23+ 9 | 5 |
| 216x 9 | 6 | 4 | 3 | 5 | 2 | 8 | 7 | 1 |
| 15+ 5 | 8 | 2 | 1 | 22+ 9 | 7 | 6 | 3 | 4 |

ACTIVITY NO. 6

# CALCUDOKU

## SOLUTION

| | | | | | | | | |
|---|---|---|---|---|---|---|---|---|
| 17+ 8 | 17+ 6 | 2 | 9 | 56x 4 | 4- 3 | 7 | 9+ 5 | 1 |
| 5 | 4 | 168x 7 | 8 | 2 | 54x 1 | 9 | 3 | 2- 6 |
| 22+ 9 | 14+ 1 | 3 | 5/ 5 | 7 | 6 | 2- 2 | 4 | 8 |
| 6 | 9 | 4 | 1 | 2- 5 | 7 | 17+ 8 | 54x 2 | 3 |
| 7 | 5/ 5 | 1 | 2/ 2 | 5- 3 | 8 | 4 | 14+ 6 | 9 |
| 1- 3 | 2 | 23+ 8 | 4 | 48x 6 | 16+ 9 | 5 | 1 | 7 |
| 7+ 2 | 18+ 8 | 9 | 6 | 1 | 5 | 27x 3 | 3- 7 | 4 |
| 4 | 3 | 1- 6 | 7 | 8 | 2 | 1 | 9 | 3- 5 |
| 1 | 7 | 17+ 5 | 3 | 9 | 18+ 4 | 6 | 8 | 2 |

# CALCUDOKU

## SOLUTION

| | | | | | | | | |
|---|---|---|---|---|---|---|---|---|
| 1- 2 | 12+ 1 | 5 | 6 | 20+ 3 | 9 | 8 | 168x 7 | 4 |
| 3 | 20+ 8 | 7 | 12+ 1 | 4 | 2 | 54x 9 | 6 | 15x 5 |
| 17+ 6 | 9 | 4 | 20+ 7 | 8 | 5 | 2 | 1 | 3 |
| 2- 7 | 2 | 1 | 5 | 2- 6 | 4 | 3 | 19+ 8 | 9 |
| 9 | 19+ 5 | 8 | 3 | 6- 7 | 1 | 15+ 6 | 1- 4 | 2 |
| 2/ 4 | 3 | 108x 6 | 2 | 20+ 9 | 8 | 1 | 5 | 7/ 7 |
| 8 | 17+ 4 | 14+ 2 | 9 | 5 | 6 | 84x 7 | 3 | 1 |
| 5/ 5 | 7 | 9 | 4- 8 | 2- 1 | 3 | 4 | 16+ 2 | 6 |
| 1 | 6 | 3 | 4 | 23+ 2 | 7 | 5 | 9 | 8 |

# CALCUDOKU

## SOLUTION

| 5-<br>3 | 13+<br>6 | 4 | 7-<br>9 | 2 | 18+<br>1 | 5 | 1-<br>8 | 7 |
|---|---|---|---|---|---|---|---|---|
| 8 | 21+<br>9 | 1 | 72x<br>3 | 5 | 7 | 2-<br>2 | 4 | 15+<br>6 |
| 7 | 5 | 2 | 6 | 4 | 240x<br>8 | 16+<br>1 | 9 | 3 |
| 4/<br>1 | 23+<br>8 | 4-<br>3 | 7 | 216x<br>9 | 5 | 6 | 2 | 4 |
| 4 | 7 | 3-<br>5 | 2 | 3 | 6 | 12+<br>8 | 1 | 16+<br>9 |
| 6 | 2 | 1-<br>9 | 4/<br>1 | 8 | 14+<br>4 | 7 | 3 | 5 |
| 5/<br>5 | 1 | 8 | 4 | 14+<br>7 | 3 | 3-<br>9 | 6 | 2 |
| 15+<br>9 | 4 | 20+<br>7 | 8 | 6 | 14+<br>2 | 3 | 40x<br>5 | 1 |
| 2 | 3-<br>3 | 6 | 5 | 1 | 9 | 3-<br>4 | 7 | 8 |

# CALCUDOKU

## SOLUTION

| 180x<br>5 | 14+<br>6 | 7 | 4-<br>4 | 8 | 11+<br>3 | 2 | 6-<br>9 | 23+<br>1 |
|---|---|---|---|---|---|---|---|---|
| 4 | 9 | 1 | 19+<br>7 | 13+<br>5 | 2 | 6 | 3 | 8 |
| 6-<br>2 | 8 | 3 | 9 | 6 | 5/<br>1 | 84x<br>7 | 4 | 5 |
| 42x<br>7 | 1 | 6 | 13+<br>2 | 1-<br>4 | 5 | 3 | 4/<br>8 | 9 |
| 18+<br>9 | 5 | 8 | 1 | 3 | 26+<br>7 | 13+<br>4 | 2 | 18+<br>6 |
| 3-<br>3 | 4 | 2 | 20+<br>6 | 9 | 8 | 1 | 5 | 7 |
| 6 | 7-<br>2 | 9 | 5 | 7 | 4 | 8 | 15+<br>1 | 3 |
| 56x<br>8 | 7 | 15+<br>4 | 3 | 8-<br>1 | 9 | 5 | 6 | 2/<br>2 |
| 1 | 3 | 5 | 16+<br>8 | 2 | 6 | 2-<br>9 | 7 | 4 |

# CALCUDOKU

### SOLUTION

| | | | | | | | | |
|---|---|---|---|---|---|---|---|---|
| 4-5 | 1 | 3-4 | 3-6 | 9 | 4/2 | 8 | 11+7 | 3 |
| 144x3 | 6 | 7 | 56x4 | 15+5 | 1-8 | 9 | 1 | 3-2 |
| 14+9 | 8 | 2 | 7 | 3 | 24x1 | 6 | 4 | 5 |
| 4 | 19+9 | 8 | 2 | 7 | 14+6 | 5 | 3 | 54x1 |
| 1 | 17+2 | 5 | 1-8 | 14+4 | 3 | 7 | 9 | 6 |
| 1-6 | 7 | 27x3 | 9 | 12+1 | 5 | 8+4 | 2 | 21+8 |
| 7 | 3 | 1 | 16+5 | 6 | 20+4 | 2 | 2-8 | 9 |
| 3-2 | 5 | 9 | 3 | 8 | 7 | 3/1 | 6 | 4 |
| 192x8 | 4 | 6 | 2/1 | 2 | 9 | 3 | 2-5 | 7 |

# CALCUDOKU

### SOLUTION

| | | | | | | | | |
|---|---|---|---|---|---|---|---|---|
| 1-8 | 13+5 | 6 | 4-7 | 3 | 15+2 | 19+9 | 1 | 2/4 |
| 7 | 5-9 | 2 | 4-5 | 1 | 4 | 3 | 6 | 8 |
| 1-3 | 4 | 8/1 | 8 | 1-6 | 9 | 21+7 | 9+2 | 5 |
| 4 | 4-1 | 5 | 6-3 | 7 | 6 | 8 | 21+9 | 2 |
| 11+6 | 2 | 3 | 9 | 2/4 | 40x8 | 1 | 5 | 7 |
| 45x9 | 56x7 | 8 | 1 | 2 | 5 | 1-4 | 3 | 18+6 |
| 1 | 19+6 | 9 | 4 | 22+5 | 15+7 | 2 | 20+8 | 3 |
| 5 | 18+3 | 7 | 2 | 8 | 9+1 | 6 | 4 | 9 |
| 14+2 | 8 | 4 | 6 | 9 | 3 | 5 | 7 | 1 |

# CALCUDOKU

## SOLUTION

| | | | | | | | | |
|---|---|---|---|---|---|---|---|---|
| 7-<br>1 | 8 | 120x<br>6 | 5 | 4 | 1-<br>3 | 2 | 21+<br>7 | 9 |
| 24+<br>7 | 3 | 9 | 22+<br>6 | 7+<br>1 | 2 | 4 | 5-<br>8 | 5 |
| 5 | 11+<br>4 | 2 | 7 | 1-<br>8 | 9 | 192x<br>6 | 3 | 6x<br>1 |
| 2-<br>2 | 5 | 56x<br>7 | 9 | 15+<br>3 | 4 | 8 | 1 | 6 |
| 4 | 1 | 8 | 13+<br>2 | 5 | 6/<br>6 | 15+<br>3 | 2-<br>9 | 7 |
| 21+<br>9 | 6 | 3 | 8 | 7 | 1 | 5 | 2/<br>2 | 4 |
| 6 | 15+<br>9 | 5 | 1 | 4/<br>2 | 8 | 7 | 1-<br>4 | 3 |
| 5-<br>8 | 10+<br>7 | 11+<br>4 | 3 | 20+<br>9 | 5 | 17+<br>1 | 6 | 2 |
| 3 | 2 | 1 | 4 | 6 | 21+<br>7 | 9 | 5 | 8 |

# CALCUDOKU

## SOLUTION

| | | | | | | | | |
|---|---|---|---|---|---|---|---|---|
| 48x<br>2 | 16+<br>5 | 3-<br>6 | 24+<br>8 | 5/<br>1 | 21x<br>7 | 1-<br>4 | 3 | 20+<br>9 |
| 8 | 7 | 9 | 4 | 5 | 3 | 1 | 4/<br>2 | 6 |
| 3 | 4 | 13+<br>1 | 9 | 84x<br>6 | 2 | 7 | 8 | 5 |
| 8x<br>4 | 1 | 5 | 3 | 7-<br>2 | 9 | 19+<br>8 | 3-<br>6 | 10+<br>7 |
| 18+<br>6 | 2 | 7 | 1-<br>5 | 14+<br>4 | 8 | 3 | 9 | 1 |
| 9 | 3 | 13+<br>8 | 6 | 7 | 45x<br>1 | 5 | 17+<br>4 | 2 |
| 19+<br>1 | 6 | 2 | 5-<br>7 | 3 | 120x<br>4 | 9 | 5 | 8 |
| 7 | 1-<br>9 | 3 | 2 | 23+<br>8 | 5 | 6 | 8+<br>1 | 4 |
| 5 | 8 | 4/<br>4 | 1 | 9 | 6 | 5-<br>2 | 7 | 3 |

# CALCUDOKU

## SOLUTION

| | | | | | | | | |
|---|---|---|---|---|---|---|---|---|
| 12+ 8 | 1- 5 | 14x 7 | 2 | 1 | 19+ 4 | 6 | 9 | 21x 3 |
| 1 | 6 | 15+ 2 | 144x 8 | 3 | 18+ 9 | 4 | 5 | 7 |
| 3 | 4 | 9 | 6 | 20+ 7 | 5 | 48x 2 | 8 | 1 |
| 2- 9 | 10+ 1 | 4 | 5 | 8 | 15+ 7 | 3 | 3/ 2 | 6 |
| 7 | 16+ 8 | 2- 3 | 14+ 1 | 6 | 2 | 18+ 5 | 4 | 9 |
| 6 | 2 | 5 | 9 | 4 | 4- 3 | 7 | 7/ 1 | 4/ 8 |
| 3- 5 | 3- 3 | 6 | 5- 4 | 9 | 10+ 1 | 8 | 7 | 2 |
| 2 | 24+ 9 | 8 | 7 | 1- 5 | 6 | 1 | 60x 3 | 4 |
| 3- 4 | 7 | 6+ 1 | 3 | 2 | 23+ 8 | 9 | 6 | 5 |

# CALCUDOKU

## SOLUTION

| | | | | | | | | |
|---|---|---|---|---|---|---|---|---|
| 2- 3 | 18+ 2 | 9 | 7 | 1- 5 | 4 | 54x 6 | 1 | 13+ 8 |
| 5 | 17+ 4 | 7 | 24+ 1 | 6 | 8 | 9 | 3 | 2 |
| 8/ 1 | 6 | 16x 8 | 9 | 17+ 2 | 3 | 16+ 4 | 5 | 7 |
| 8 | 108x 9 | 1 | 2- 6 | 3 | 70x 7 | 5 | 2 | 11+ 4 |
| 4 | 3 | 2 | 8 | 9 | 2- 5 | 7 | 6 | 1 |
| 2- 7 | 2- 5 | 2- 6 | 4 | 8/ 1 | 12x 2 | 216x 3 | 8 | 9 |
| 9 | 7 | 12+ 3 | 5 | 8 | 1 | 2/ 2 | 4 | 14+ 6 |
| 16+ 2 | 8 | 4 | 14+ 3 | 7 | 6 | 17+ 1 | 9 | 5 |
| 6 | 8+ 1 | 5 | 2 | 4 | 1- 9 | 8 | 7 | 3 |

# MAGIC SQUARES

SOLUTION

| | | | | |
|---|---|---|---|---|
| 14 | 15 | 10 | 4 | 43 |
| 1 | 7 | 2 | 12 | 22 |
| 6 | 3 | 8 | 5 | 22 |
| 9 | 16 | 13 | 11 | 49 |
| 30 | 41 | 33 | 32 | 40 |

# MAGIC SQUARES

SOLUTION

| | | | | |
|---|---|---|---|---|
| 3 | 5 | 6 | 12 | 26 |
| 8 | 9 | 15 | 11 | 43 |
| 16 | 10 | 4 | 14 | 44 |
| 1 | 2 | 7 | 13 | 23 |
| 28 | 26 | 32 | 50 | 29 |

# MAGIC SQUARES

SOLUTION

| 6 | 15 | 14 | 8 | 43 |
|----|----|----|----|----|
| 1 | 7 | 13 | 11 | 32 |
| 16 | 12 | 9 | 2 | 39 |
| 10 | 4 | 5 | 3 | 22 |
| 33 | 38 | 41 | 24 | 25 |

# MAGIC SQUARES

SOLUTION

| 2 | 5 | 4 | 14 | 25 |
|----|----|----|----|----|
| 9 | 12 | 3 | 15 | 39 |
| 16 | 7 | 10 | 6 | 39 |
| 11 | 8 | 13 | 1 | 33 |
| 38 | 32 | 30 | 36 | 25 |

# MAGIC SQUARES

SOLUTION

| 11 | 2 | 14 | 15 | 42 |
|----|----|----|----|----|
| 12 | 3 | 7 | 8 | 30 |
| 16 | 5 | 13 | 1 | 35 |
| 10 | 9 | 4 | 6 | 29 |
| 49 | 19 | 38 | 30 | 33 |

# MAGIC SQUARES

SOLUTION

| 8 | 13 | 11 | 6 | 38 |
|----|----|----|----|----|
| 7 | 1 | 15 | 4 | 27 |
| 3 | 5 | 16 | 12 | 36 |
| 9 | 14 | 10 | 2 | 35 |
| 27 | 33 | 52 | 24 | 27 |

# MAGIC SQUARES

## SOLUTION

| | | | | |
|---|---|---|---|---|
| 12 | 8 | 9 | 6 | 35 |
| 13 | 10 | 11 | 16 | 50 |
| 7 | 5 | 1 | 2 | 15 |
| 4 | 15 | 3 | 14 | 36 |
| 36 | 38 | 24 | 38 | 37 |

# MAGIC SQUARES

## SOLUTION

| | | | | |
|---|---|---|---|---|
| 2 | 5 | 11 | 14 | 32 |
| 1 | 13 | 6 | 12 | 32 |
| 8 | 3 | 9 | 15 | 35 |
| 16 | 10 | 7 | 4 | 37 |
| 27 | 31 | 33 | 45 | 28 |

# MAGIC SQUARES

**SOLUTION**

| 14 | 3 | 5 | 8 | 30 |
|----|----|----|----|----|
| 16 | 13 | 15 | 2 | 46 |
| 7 | 4 | 11 | 12 | 34 |
| 1 | 10 | 6 | 9 | 26 |
| 38 | 30 | 37 | 31 | 47 |

# MAGIC SQUARES

**SOLUTION**

| 4 | 7 | 11 | 14 | 36 |
|----|----|----|----|----|
| 16 | 5 | 10 | 2 | 33 |
| 9 | 6 | 12 | 13 | 40 |
| 15 | 8 | 3 | 1 | 27 |
| 44 | 26 | 36 | 30 | 22 |

# MAGIC SQUARES

SOLUTION

| 5 | 10 | 14 | 11 | 40 |
|---|----|----|----|----|
| 12 | 13 | 8 | 6 | 39 |
| 15 | 3 | 7 | 4 | 29 |
| 16 | 9 | 2 | 1 | 28 |
| 48 | 35 | 31 | 22 | 26 |

# MAGIC SQUARES

SOLUTION

| 14 | 3 | 16 | 2 | 35 |
|----|---|----|---|----|
| 9 | 13 | 10 | 6 | 38 |
| 15 | 11 | 1 | 4 | 31 |
| 7 | 8 | 5 | 12 | 32 |
| 45 | 35 | 32 | 24 | 40 |

# MAGIC SQUARES

SOLUTION

| 10 | 8 | 16 | 11 | 45 |
|----|----|----|----|----|
| 15 | 9 | 7 | 14 | 45 |
| 2 | 13 | 4 | 12 | 31 |
| 1 | 6 | 3 | 5 | 15 |
| 28 | 36 | 30 | 42 | 28 |

# MAGIC SQUARES

SOLUTION

| 9 | 2 | 7 | 15 | 33 |
|----|----|----|----|----|
| 10 | 8 | 1 | 5 | 24 |
| 3 | 14 | 4 | 12 | 33 |
| 6 | 11 | 16 | 13 | 46 |
| 28 | 35 | 28 | 45 | 34 |

# MAGIC SQUARES

SOLUTION

| 7 | 14 | 10 | 1 | 32 |
|---|---|---|---|---|
| 11 | 4 | 8 | 6 | 29 |
| 2 | 16 | 3 | 13 | 34 |
| 5 | 12 | 15 | 9 | 41 |
| 25 | 46 | 36 | 29 | 23 |

# MAGIC SQUARES

SOLUTION

| 3 | 5 | 11 | 7 | 26 |
|---|---|---|---|---|
| 9 | 1 | 10 | 4 | 24 |
| 8 | 16 | 15 | 14 | 53 |
| 2 | 12 | 13 | 6 | 33 |
| 22 | 34 | 49 | 31 | 25 |

# MAGIC SQUARES

SOLUTION

| 13 | 7 | 16 | 11 | 47 |
|----|----|----|----|----|
| 6 | 1 | 8 | 4 | 19 |
| 15 | 14 | 3 | 12 | 44 |
| 9 | 10 | 5 | 2 | 26 |
| 43 | 32 | 32 | 29 | 19 |

# MAGIC SQUARES

SOLUTION

| 3 | 14 | 10 | 6 | 33 |
|----|----|----|----|----|
| 7 | 1 | 4 | 5 | 17 |
| 8 | 12 | 11 | 16 | 47 |
| 9 | 13 | 2 | 15 | 39 |
| 27 | 40 | 27 | 42 | 30 |

# MAGIC SQUARES

SOLUTION

| | | | | |
|---|---|---|---|---|
| 16 | 2 | 14 | 4 | 36 |
| 3 | 6 | 11 | 1 | 21 |
| 7 | 8 | 15 | 9 | 39 |
| 5 | 12 | 13 | 10 | 40 |
| 31 | 28 | 53 | 24 | 47 |

# MAGIC SQUARES

SOLUTION

| | | | | |
|---|---|---|---|---|
| 15 | 4 | 1 | 10 | 30 |
| 6 | 9 | 14 | 3 | 32 |
| 7 | 11 | 5 | 16 | 39 |
| 2 | 12 | 8 | 13 | 35 |
| 30 | 36 | 28 | 42 | 42 |

# FIND THE TENS

# FIND THE TENS

# FIND THE TENS
## SOLUTION

| | | | | | | | |
|---|---|---|---|---|---|---|---|
| 7 | 3 | 9 | 9 | 8 | 4 | 8 | 8 |
| 5 | 9 | 6 | 7 | 6 | 8 | 1 | 6 |
| 1 | 8 | 2 | 5 | 2 | 4 | 9 | 4 |
| 7 | 7 | 9 | 4 | 3 | 5 | 7 | 2 |
| 5 | 7 | 1 | 3 | 1 | 7 | 6 | 6 |
| 4 | 4 | 8 | 4 | 8 | 6 | 7 | 9 |
| 4 | 1 | 7 | 6 | 8 | 2 | 4 | 6 |
| 2 | 5 | 8 | 5 | 2 | 5 | 2 | 8 |

# FIND THE TENS
## SOLUTION

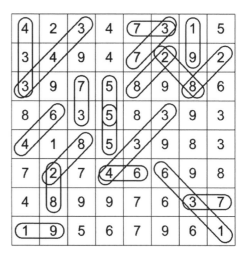

# FIND THE TENS

**SOLUTION**

# FIND THE TENS

**SOLUTION**

# FIND THE TENS

# FIND THE TENS

SOLUTION

# FIND THE TENS
SOLUTION

ACTIVITY NO. 45

# FIND THE TENS
SOLUTION

ACTIVITY NO. 46

# FIND THE TENS
## SOLUTION

| 6 | 5 | 5 | 6 | 6 | 9 | 5 | 7 |
|---|---|---|---|---|---|---|---|
| 9 | 4 | 9 | 3 | 7 | 1 | 1 | 5 |
| 2 | 8 | 4 | 5 | 7 | 8 | 1 | 6 |
| 2 | 7 | 7 | 9 | 5 | 6 | 3 | 1 |
| 4 | 3 | 6 | 7 | 7 | 8 | 1 | 1 |
| 9 | 8 | 5 | 8 | 1 | 4 | 4 | 7 |
| 7 | 5 | 9 | 7 | 7 | 1 | 5 | 6 |
| 1 | 4 | 9 | 2 | 6 | 3 | 2 | 8 |

# FIND THE TENS
## SOLUTION

| 8 | 2 | 4 | 5 | 4 | 1 | 4 | 6 |
|---|---|---|---|---|---|---|---|
| 7 | 6 | 1 | 2 | 2 | 7 | 5 | 4 |
| 4 | 6 | 6 | 1 | 1 | 7 | 4 | 8 |
| 8 | 4 | 7 | 2 | 2 | 7 | 7 | 3 |
| 8 | 5 | 7 | 2 | 6 | 2 | 3 | 8 |
| 8 | 9 | 7 | 7 | 8 | 6 | 1 | 5 |
| 9 | 7 | 1 | 4 | 3 | 3 | 3 | 8 |
| 9 | 3 | 8 | 8 | 2 | 5 | 8 | 7 |

# FIND THE TENS

SOLUTION

# FIND THE TENS

SOLUTION

# FIND THE TENS

| 8 | 9 | 1 | 3 | 6 | 6 | 5 | 7 |
|---|---|---|---|---|---|---|---|
| 5 | 2 | 5 | 8 | 1 | 3 | 3 | 8 |
| 5 | 4 | 8 | 6 | 5 | 3 | 6 | 2 |
| 6 | 8 | 5 | 4 | 2 | 1 | 2 | 2 |
| 2 | 5 | 7 | 1 | 4 | 7 | 7 | 2 |
| 6 | 2 | 2 | 9 | 5 | 7 | 5 | 8 |
| 1 | 6 | 4 | 3 | 5 | 9 | 3 | 4 |
| 6 | 3 | 3 | 5 | 1 | 9 | 3 | 5 |

# FIND THE TENS

SOLUTION

| 4 | 4 | 9 | 9 | 2 | 9 | 3 | 6 |
|---|---|---|---|---|---|---|---|
| 3 | 7 | 6 | 2 | 3 | 4 | 5 | 9 |
| 7 | 8 | 1 | 8 | 2 | 3 | 3 | 6 |
| 8 | 3 | 5 | 3 | 6 | 8 | 1 | 7 |
| 9 | 6 | 9 | 9 | 8 | 8 | 1 | 1 |
| 6 | 8 | 6 | 6 | 8 | 8 | 2 | 4 |
| 7 | 3 | 3 | 9 | 9 | 5 | 1 | 9 |
| 4 | 3 | 4 | 9 | 5 | 8 | 8 | 2 |

SOLUTION

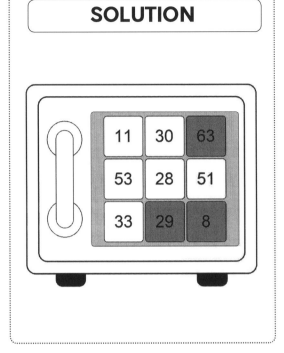

SOLUTION

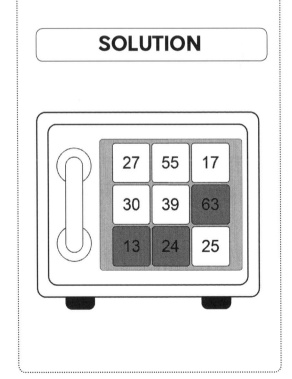

## SOLUTION

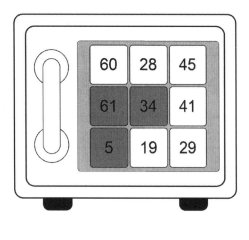

## SOLUTION

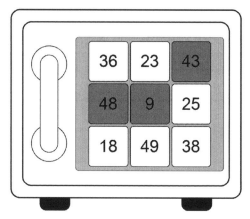

SOLUTION

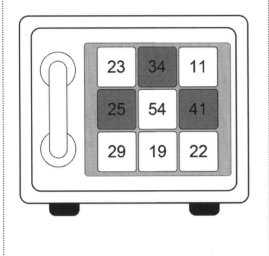

SOLUTION

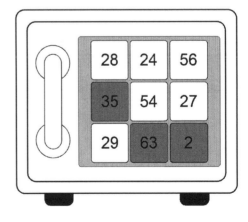

## SOLUTION

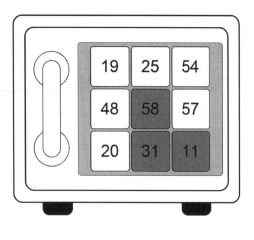

## SOLUTION

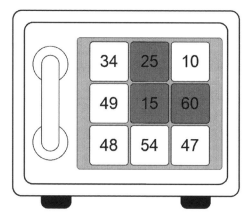

SOLUTION

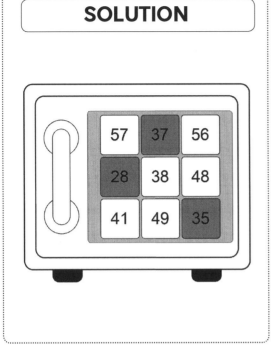

| 57 | 37 | 56 |
|----|----|----|
| 28 | 38 | 48 |
| 41 | 49 | 35 |

SOLUTION

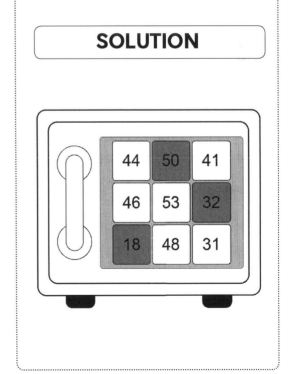

| 44 | 50 | 41 |
|----|----|----|
| 46 | 53 | 32 |
| 18 | 48 | 31 |

SOLUTION

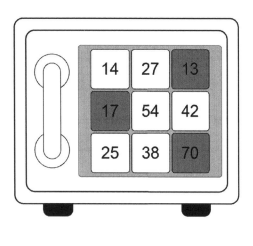

SOLUTION

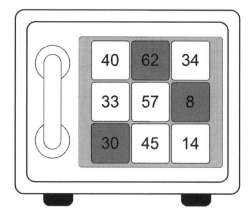

SOLUTION

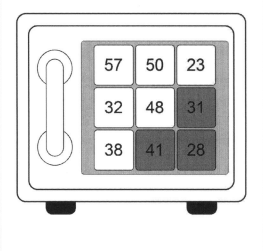

| 57 | 50 | 23 |
|----|----|----|
| 32 | 48 | 31 |
| 38 | 41 | 28 |

SOLUTION

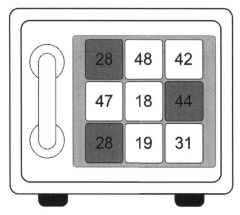

| 28 | 48 | 42 |
|----|----|----|
| 47 | 18 | 44 |
| 28 | 19 | 31 |

ACTIVITY NO. 66

Printed in Great Britain
by Amazon